JN440136

위드 필사성경

북한어로 쓰는

로마서

문광서원

북한어로 쓰는 위드 필사성경 시리즈를 펴내며

언어에는 국경이 있습니다. 경계선 안에 사는 사람들끼리 말의 맥락이 생기기 때문입니다. 남과 북은 80년 동안 분단된 채로 살았습니다. 언어가 많이 달라졌습니다. 북한 성도들이 한글로 기록된 성경을 읽으면서도 이해하기가 어려운 이유입니다. 모퉁이돌에서 남북한 병행 성경을 만든 이유이기도 합니다.

남한 성도는 언제든 쉽게 성경을 구할 수 있습니다. 반면 북한 성도는 성경을 갖고 싶어도 얻을 수 없습니다. 자신이 직접 성경을 베껴 쓴 종이만 갖고 있어도 목숨이 위태롭습니다. 그들은 작은 휴지 조각에, 숨기기 쉬운 작은 종이 쪽지에, 다른 사람이 볼 수 없는 수첩 한 켠에 아주 조심스럽게 성경을 적어 놓습니다. 북한에는 식량만 부족한 게 아닙니다. 말씀의 기근이 더 심각합니다. "위드 필사성경 북한어로 쓰는..." 시리즈에는 남한과 북한의 성도가 함께 하나님의 말씀을 쓰면서 서로를 위해 기도하기를 바라는 마음이 담겨 있습니다.

'위드', '남북한 성도가 함께'라는 의미입니다.
'필사성경', 북한에서 성도들이 베껴 쓴 자신만의 성경을 소중히 간직하듯이 남한의 성도가 필사로 자신만의 성경을 갖는다는 뜻입니다.
'북한어로 쓰는', 선교는 그 나라 말로 복음을 전하는 일입니다. 필사를 통해 북한의 언어와 문화를 이해하는 시간이 되기를 바랍니다.

"위드 필사성경 북한어로 쓰는…" 시리즈로 성경을 써가면서 그 땅을 한 번도 포기한 적이 없으신 주님의 마음이 여러분의 필사성경에도 잘 담겨 지기를 소망합니다.

Q. 필사에 집중할 수 있는 **시간**은 언제인가요?

A. 하루 또는 일주일 중 한 날, 집중할 수 있는 시간이면 언제든지 좋습니다.

Q. 필사하기 편안한 **장소**를 찾으셨나요?

A. 방, 거실, 카페, 도서관, 교회, 공원... 어디든 좋습니다.

Q. **누구**와 필사하시나요?

A. 혼자 할 수 있습니다. 둘도 좋습니다. 여럿이 함께 하면 더 좋습니다.

Q. 필사하는 **순서**가 있나요?

A. 하나님을 찬양하세요.

목소리로 크게, 작게, 귀로 들을 수도, 속으로 가사만 읽으셔도 됩니다.

하나님께 기도하세요.

아주 잠깐이면 됩니다.

쓰기 전에 본문을 먼저 한 번 읽으세요.

북한어 성경입니다. 필사할 부분을 꼭 읽어 보세요.

이제 쓰십시오.

세상에 같은 글씨는 없습니다. 여러분의 글씨를 사랑하세요.

다 쓰셨다면 이제 자신이 쓴 부분을 읽어보세요.

소리 내어도, 속으로 읽어도, 옆 사람과 바꿔 읽어도 좋습니다.

하나님께 다시 기도하세요.

하나님께서 뭐라고 말씀하시는지 귀 기울여 보세요.

Q. 필사 **모임**에 어떻게 참여할 수 있나요?

A. 가정이나 교회, 직장 동료 등 누구든지 함께 할 수 있습니다.

도움이 필요한 분은 문광서원으로 연락주세요.

위드 필사성경
북한어로 쓰는 로마서

일러두기

성경본문은 남북한병행성경을 사용했고 북한어문규정을 따랐습니다.
단, 본문의 가독성을 높이기 위해 띄어쓰기는 국립국어원의 한국어문규정을 따랐습니다.
한 장이 끝나면 "북한 복음화를 위한 31일 기도"에 실린 글을 만납니다.
그 글을 천천히 읽으며 북한 성도들을 위해 기도해 주세요.

김일성이 사망(1994년 7월 8일)한 지 30년이 넘었고, 그의 아들 김정일도 2011년 12월 17일에 사망했지만, 이들에 대한 숭배는 여전히 북한 땅을 뒤덮고 있다. 대표적인 곳이 만수대 광장의 김일성과 김정일의 동상, 김일성의 생가인 만경대, 그의 시체가 안치되어 있는 주석궁(금수산궁), 주체사상탑, 영생탑, 김정일의 출생지로 둔갑한 백두산 등이다. 김일성 일가(一家)의 우상화 선전물도 대략 14만 개이며, 전국적으로 김일성 혁명사상연구실을 갖추고 그 안에서 모임과 학습 등이 기독교의 예배의식처럼 행해지고 있다. 이와 같은 혁명사상연구실이 당 기관, 행정기관, 산업기관, 군대, 보위기관, 인민보안기관, 교육기관을 포함하여 전국적으로 약 45만여 곳에 이르는 것으로 추정되고 있다.

-「북한 복음화를 위한 31일 기도」 17p

1장

1절-32절

1장

하나님의 복음

1 예수 그리스도의 종 바울은 사도로 부르심을 받아 하나님의 복음을 위하
여 따로 세워졌으니

2 이 복음은 하나님이 그의 대언자들을 통하여 성경에 미리 약속하신 것으로

3 그의 아들에 관한 것이라 그가 육신으로는 다윗의 후손으로 태여나셨으나

4 성결의 령으로는 죽은 사람들 가운데서 부활하심으로써 권능으로 하나님의
아들로 선포되셨으니, 곧 우리 주 예수 그리스도시다

5 그를 통하여 우리가 그의 이름을 위하여 모든 이방인 가운데 믿음의 순종을
가져오도록 은혜와 사도의 직분을 받았으니

6 여러분도 그들 가운데서 예수 그리스도의 사람으로 부르심을 받았다

7 로마에서 하나님께 은혜를 입고 성도로 부르심을 받은 여러분 모두에게
하나님 우리 아버지와 주 예수 그리스도로부터 은혜와 평화가 있기를 원
한다

8 ◦ 먼저 내가 여러분 모두를 두고 예수 그리스도를 통하여 나의 하나님께
감사드리는 것은 여러분의 믿음이 온 세상에 전파되고 있기 때문이다

9 내가 그의 아들의 복음 안에서 내 령으로 섬기는 하나님이 나의 증인이시
니 나의 기도 때마다 내가 항상 끊임없이 여러분에 대하여 아뢰며

10 아무쪼록 여러분에게 가는 길이 하나님의 뜻에 따라 열리게 해달라고
간구하고 있다

11 내가 여러분 보기를 열망함은 여러분에게 어떤 성령의 은사를 나누어주
어 여러분을 강건하게 하려는 것이니

12 이는 여러분과 나의 믿음을 통하여 서로 격려받으려 함이다

13 형제들이여 내가 여러분에게 가려고 여러 번 뜻을 세웠던 것을 여러분
이 모르기를 원하지 않으니 내가 여러분 가운데서도 다른 이방인들 가
운데서처럼 열매를 거두기 원하였으나 지금까지 길이 막혔다

14 나는 헬라인과 야만인, 지혜로운 자와 어리석은 자 모두에게 빚진 자라

15 그러므로 나는 로마에 있는 여러분에게도 복음 전하기를 매우 원한다

16 내가 복음을 부끄러워하지 않으니 이 복음은 모든 믿는 자에게 구원을
주시는 하나님의 능력이기 때문이다 먼저는 유대인에게 그리고 헬라인
에게 그러하다

17 복음에는 믿음을 통하여 믿음으로 나아가는 하나님의 의가 계시되어 있
으니 기록된 바, 의인은 믿음으로 말미암아 살리라 함과 같다

18 ◦ 하나님의 진노가 불의로써 진리를 막는 사람들의 온갖 불경건과 불의
에 대하여 하늘로부터 나타나니

19 이는 하나님을 알 수 있는 것이 그들에게 분명하게 보이기 때문이다 하
나님이 그것을 그들에게 보여주셨다

20 세계 창조 이후로 눈에 보이지 않는 하나님의 본성, 곧 그의 영원한 능
력과 신성이 만물 가운데서 명백히 보이고 알려졌으므로 사람들은 핑
계댈 수 없다

21 그들은 하나님을 알면서도 하나님을 영화롭게 하지 않으며 그에게 감
사하지도 않고 오히려 그 생각이 허망하여져서 그들의 지각 없는 마음
이 어두워 졌으니

22 그들이 스스로 지혜롭다고 주장하나 실상은 어리석게 되어

23 썩지 않는 하나님의 영광을 썩어버릴 사람이나 새나 네 발 가진 짐승이
나 기여다니는 것들의 형상으로 바꾸어놓았다

24 그러므로 하나님이 그들을 마음의 정욕대로 온갖 불결함에 내버려두어
자기들끼리 서로의 몸을 욕되게 하셨으니

25 이는 그들이 하나님에 관한 진리를 거짓말로 바꾸고 창조주보다 피조
물을 더 숭배하고 섬겼기 때문이다 창조주께서는 영원토록 찬송을 받
으실 분이시다 아멘

26 이러한 리유로 하나님이 그들을 부끄러운 정욕 가운데 내버려 두시니
그들의 녀인들은 본성에 어울리는 관계를 어긋나는 관계로 바꾸었고
27 마찬가지로 남자들도 본성에 어울리는 녀인들과의 관계를 버린 채 자기
들끼리 서로 음욕이 불붙어 남자가 남자와 더불어 부끄러운 짓을 저질
러 그 악에 상응하는 형벌을 그들 자신 안에서 받았다
28 또한 그들이 하나님 인정하기를 싫어하매 하나님이 그들을 비천한 마음
가운데 내버려두어 합당하지 못한 일을 행하게 하셨다
29 이로써 그들이 온갖 불의와 사악함과 탐욕과 악의로 가득 차고 시기와
살의와 분쟁과 속임수와 적개심으로 가득 차니 그들은 험담하는 자요
30 중상하는 자요 하나님을 증오하는 자요 무례한 자요 교만한 자요 뽐내
기 좋아하는 자요 온갖 악을 꾀하는 자요 부모를 거역하는 자요
31 어리석은 자요 신실하지 못한 자요 무정한 자요 무자비한 자라
32 그들은 이와 같은 일을 행하는 사람은 죽어 마땅하다는 하나님의 판결
을 알면서도 그들 자신이 그 일들을 행할 뿐 아니라 그런 짓을 일삼는
자들을 칭찬한다

"우리 마을에서 제일 좋은 곳에 김일성을 찬양하는 영생탑과 유적지가 세워져 있습니다. 그곳이 어찌나 좋은지, 거길 지날 때마다 그 자리에 교회가 세워지면 좋겠다는 생각을 합니다." 북한에 살고 있는 17살 소년의 고백이다. 소련이 무너지고 모스크바에 세워졌던 레닌의 동상이 철거되는 장면이 전 세계에 방영되었다. 북한 전역과 가정에도 우상숭배를 조장하는 건물과 형상들로 넘쳐나고 있다. 북한이 회복될 때에 그 땅을 더럽힌 모든 동상과 건물 등이 빠른 시간 안에 제거될 수 있도록 그리고 그곳에 하나님의 교회가 세워지도록 지금부터 기도로 준비해야 한다.

-「북한 복음화를 위한 31일 기도」 105p

2장

1절-29절

2장

하나님의 심판

1 그러므로 남을 판단하는 사람아, 그대가 누구이든 간에 핑계댈 수 없는 것은 그대가 다른 사람을 판단하는 그 기준으로 그대 자신을 정죄함이니 이는 판단자인 그대가 동일한 일들을 행하고 있기 때문이다

2 그러한 일들을 행하는 자에게 하나님의 심판이 진리대로 시행될 줄 우리가 아니

3 그러한 일들을 행하는 자를 판단하면서 자신도 똑같은 짓을 행하는 사람아, 그대가 하나님의 심판을 피할 줄 생각하는가

4 아니면 그대는 하나님의 선하심이 그대를 회개로 이끌려는 것을 알지 못한 채 그의 선하심과 너그러우심과 오래 참으심의 풍성함을 멸시하는가

5 오히려 그대는 그대의 완악하고 회개할 줄 모르는 마음으로 인하여 하나님의 의로운 심판이 보이게 될 그 진노의 날에 그대에게 림할 진노를 쌓고 있다

6 하나님은 각 사람에게 그 행한 대로 갚으시리니

7 인내로 선을 행하며 영광과 존귀와 불멸을 추구하는 자에게는 영원한 생명을 주실 것이나

8 리기적인 야망 가운데 살며 진리에 순종하지 않고 불의를 따르는 자에게
는 진노와 분노가 림하게 하시리라

9 악을 행하는 각 사람의 령혼에 환난과 고통이 있으리니 먼저는 유대인에
게 그리고 헬라인에게요

10 선을 행하는 각 사람에게 영광과 존귀와 평화가 있으리니 먼저는 유대
인에게 그리고 헬라인에게라

11 하나님께서는 외모로 취함이 없기 때문입니다

12 률법 없이 죄를 짓는 자는 률법 없이 망하고 률법 아래서 죄를 짓는 자
는 률법에 따라 심판을 받으리라

13 하나님 앞에서 의로운 사람은 률법을 듣는 자가 아니고 오직 률법을 행
하는 자라야 의롭다 하심을 얻으리라

14 률법을 가지지 않은 이방인들이 률법이 요구하는 바를 본성에 따라서
행하면 비록 률법을 가지지 않았다고 해도 그들 자신이 스스로에게 률
법이 된다

15 그들은 률법의 요구가 그들 마음에 기록되여 있고 그들 자신의 량심이
또한 그것을 증거하고 있음을 보여주고 있는데 그들의 생각들이 서로
고발하거나 변호할 것인즉

16 나의 복음대로 하나님이 예수 그리스도를 통하여 사람들의 은밀한 것을
심판하시는 그날에 그러하리라

17 ◦ 그대가 자신을 유대인이라 일컬으며 률법을 의존하고 하나님과 그대
의 관계를 자랑한다면,

18 또 그대가 률법으로 가르침을 받아 하나님의 뜻을 알고 지극히 선한 것
을 분별한다면,

19 또 그대가 맹인의 길잡이요 어둠 속에 있는 자의 빛이요

20 률법 안에서 지식과 진리의 기본을 갖추었으므로 어리석은 자의 스승이
요 어린아이의 선생이라고 확신한다면,

21 다른 사람을 가르치는 그대가 그대 자신은 가르치지 않는가 훔치지 말
라고 선포하는 그대가 훔치는가

22 간음하지 말라고 말하는 그대가 간음하는가 우상을 혐오하는 그대가 신
전들을 략탈하는가

23 률법을 자랑하는 그대가 그 률법을 범함으로써 하나님을 모욕하는가

24 이는 하나님의 이름이 너희로 인하여 이방인 중에서 모독을 당한다 하
고 기록된 바와 같다

25 그대가 률법을 행하면 할례가 참으로 유익하나 그대가 률법을 깨뜨리면
그대의 할례는 무할례가 되느니라

26 그러나 할례를 받지 않은 자가 률법의 요구들을 지키면 그의 무할례가
할례로 간주되지 않겠는가

27 그렇다면 육신에 할례를 받지 않고도 률법을 온전히 지키는 자들이 기
록된 법전과 할례를 가지고도 률법을 범하는 그대를 정죄하지 않겠는가
28 그러므로 표면상의 유대인은 유대인이 아니고 육신에 행한 표면상의 할
례는 할례가 아니니
29 오직 내면상의 유대인이 유대인이며 할례는 기록된 법전으로써가 아니
라 성령을 통하여 마음에 행하는 것인즉 그러한 사람의 칭찬은 사람들
로부터가 아니라 하나님께로부터 온다

북한 노동당의 강령에는 남한을 무력으로 적화통일시켜 한반도를 조선노동당의 통치 아래 두어 북한의 수령을 통일된 조국의 수령으로 만들고, 대한민국을 사회주의·공산주의화하여 주체사상, 즉 김일성주의화하는 것이 목적이라고 명시하고 있다. 또한 이를 실현하기 위해 당중앙위원회 선전선동부와 조직부에서 전체 인민에 이르기까지 사상교양사업을 조직화하여 강압적인 통제와 감시가 이뤄지도록 사상교육으로 세뇌시키고 있다.

-「북한 복음화를 위한 31일 기도」 32p

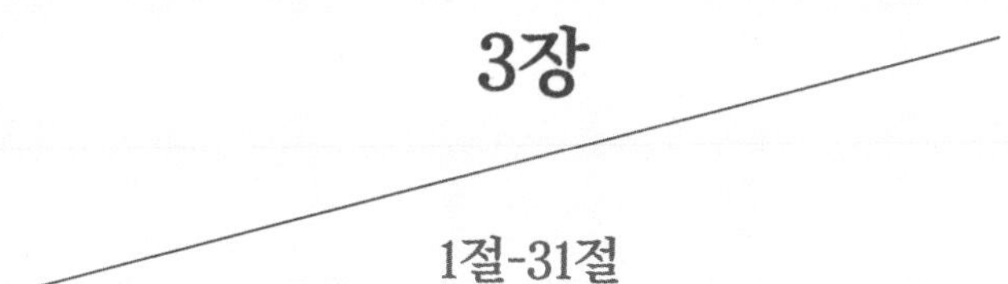

3장

1절-31절

3장

하나님의 의

1 그러면 유대인은 어떠한 리점을 가졌으며 할례의 유익은 무엇인가

2 모든 면에서 많으니 첫째로 유대인들에게는 하나님의 말씀에 위임되였다

3 어떤 사람들이 믿지 않았다면 어떻게 되는가 그들의 믿지 않음이 하나님
의 신실하심을 무효로 만드는가

4 결코 아니다 하나님은 참되시나 사람들은 다 거짓말쟁이니 기록된 바 이
는 당신께서 당신의 말씀들 가운데서 의롭다 함을 얻으시고 당신께서 판
단받으실 때에 이기려 하심입니다 함과 같다

5 그러나 우리의 불의가 하나님의 의를 드러낸다면 우리가 무슨 말을 하
겠는가 내가 사람의 방식으로 말하노니 진노를 내리시는 하나님이 불의
하신가

6 결코 아니다 만일 그러하시다면 어떻게 하나님이 세상을 심판하시겠는가

7 그러나 나의 거짓말로 인하여 하나님의 진실하심이 더욱 풍성하여 그의
영광까지 나타난다면 어찌하여 내가 여전히 죄인으로 정죄를 받겠는가

8 어떤 사람들은 우리를 비방하며 말하기를 악을 행하여 선이 이루어지도
록 하자 하고 우리가 말한다고 하는데 과연 그럴 수 있는가 그들은 정죄
받아 마땅하다

9 ◦ 그러면 어떠한가 우리는 그들보다 나은가 결코 그렇지 않다 우리는 유
대인과 헬라인 모두가 죄 아래 있다고 이미 고발하였으니

10 기록된 바 의인은 없으니 하나도 없으며

11 깨닫는 자도 없고 하나님을 찾는 자도 없도다

12 모든 사람이 빗나가 쓸모없게 되고 선을 행하는 사람이 없으니 하나도
없도다

13 그들의 목구멍은 열린 무덤이고 그들의 혀로는 속임수를 베푸니 그 입
술 밑에는 독사의 독이 있고

14 그 입에는 저주와 독설이 가득하도다

15 그들의 발은 피 흘리는 데 빠르고

16 그들의 길에는 파멸과 참담함 뿐이라

17 그들은 평화의 길을 알지 못하고

18 그들의 눈앞에는 하나님께 대한 두려움이 없도다 함과 같다

19 률법이 전하는 말씀은 률법 아래 있는 자들에게 이야기하는 것임을 우
리가 알고 있으니 이는 모든 입을 다물게 하고 온 세상이 하나님께 정
죄받게 하려 함이다

20 그러므로 률법의 행위로는 하나님 앞에서 의롭다 하심을 얻을 육체가
없으니 률법을 통하여는 죄의 깨달음이 있을 뿐이다

21 ◦ 그러나 이제 률법 밖에서 하나님의 한 의가 계시되였다 그것은 률법
과 대언자들에 의하여 립증된 것으로서

22 예수 그리스도에 대한 믿음을 통하여 믿는 자 모두에게 주어진 하나님
의 의니 여기에는 차별이 없다

23 모든 사람이 죄를 범하였으므로 하나님의 영광에 이르지 못하더니

24 그리스도 예수 안에 있는 구속으로 말미암아 그들이 하나님의 은혜로
값없이 의롭다 하심을 얻었다

25 이 예수를 하나님이 그의 피로써 믿음으로 말미암는 화목제물로 세우셨
으니 이는 하나님이 전에 범하여진 죄들을 인내로 간과하심으로써 자신
의 의로우심을 나타내려 하심이요

26 또한 바로 지금 자신의 의로우심을 나타내여 자신이 의로우신 이가 되
실 뿐 아니라 예수를 믿는 자도 의롭게 만드시는 이가 되려 하심이였다

27 그러니 자랑할 데가 어디 있는가 결코 없다 어떤 률법으로인가, 행위로
인가 아니다 오직 믿음의 법으로다

28 그러므로 사람이 의롭게 되는 것은 률법의 행위와 상관없이 오직 믿음
에 의한 것이라고 우리는 결론을 짓는다

29 그러면 하나님은 유대인만의 하나님이신가 그는 이방인의 하나님은 아
니신가 참으로 그는 이방인의 하나님도 되신다

30 할례받은 사람이나 할례받지 않은 사람을 다 믿음으로 의롭게 만드실
이는 오직 하나님 한 분이시다

31 그렇다면 우리가 믿음으로 률법을 페하는가 결코 아니다 오히려 률법
을 굳게 세운다

남한도 통일을 원하고, 북한도 통일을 원한다. 그러나 남북한은 서로 다른 통일을 말하고 있다. 북한은 수령독재체제 이념에 근거를 둔 사회주의적 적화통일을 원하고, 남한은 평화통일을 원한다. 남한 또한 같은 민족이라는 차원에서 민족적인 통일을 원하고 있는데, 이 방법으로는 진정한 평화를 가져올 수 없다. 우리는 하나님이 원하시는 북한 회복을 이룰 수 있도록 기도해야 한다. 오직 복음으로만 진정한 평화를 가져올 수 있기 때문이다.

-「북한 복음화를 위한 31일 기도」 143p

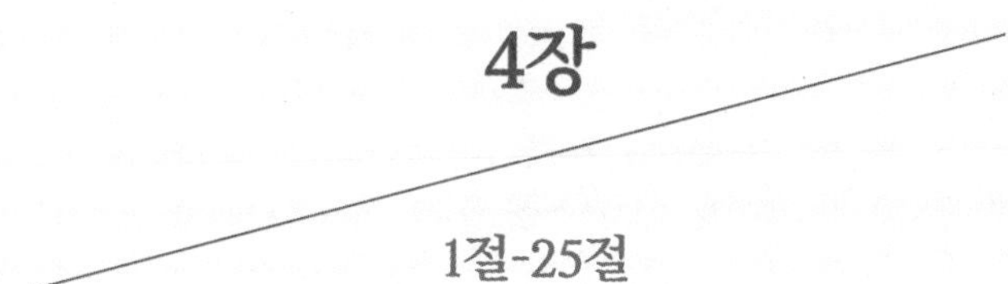

4장

1절-25절

4장

하나님의 약속

1 그러면 우리는 우리 육신의 조상 아브라함이 무엇을 얻었다고 말할 수
있는가
2 아브라함이 행위로 의롭게 되였으면 자랑할 것이 있었겠지만 하나님 앞
에서는 없었다
3 성경은 무엇이라고 말하는가 아브라함이 하나님을 믿으니 그것이 그에
게 의로 여겨졌다
4 일하는 자에게는 그 삯이 은혜로 여겨지지 않고 대가로 여겨지나
5 일하지 않을지라도 불의한 자를 의롭다 하시는 이를 믿는 자에게는 그의
믿음이 의로 여겨진다
6 그러므로 다윗도 행위와 상관없이 하나님께 의롭게 여기심을 받는 사람
의 복에 대하여 말하기를
7 복 받은 사람은 그의 불법이 사하심을 받고 그의 죄가 덮어지며
8 복 받은 사람은 주께서 그의 죄를 따지지 않으신다 하였다

9 그러면 이 복이 할례자만을 위한 것인가 아니면 무할례자도 위한 것인가
우리가 말하기를 아브라함에게는 믿음이 의로 여겨졌다 하는데

10 어떻게 그것이 아브라함에게 그렇게 여겨졌는가 그가 할례를 받은 후
였는가 아니면 할례를 받기 전이였는가 그것은 그가 할례받은 후가 아
니라 할례받기 전이였다

11 아브라함이 아직 할례를 받기 전에 믿음으로 얻은 의의 인증으로서 할
례를 받았다 이로써 그가 할례를 받지 않고서도 믿는 모든 사람의 조상
이 되였으니 이는 할례받지 않은 사람도 의롭다 하심을 얻게 하려 함
이였다

12 그가 또한 할례받은 사람의 조상이 되였으니 그는 단지 할례받는 자에
게만이 아니라 우리 조상 아브라함이 할례를 받기 전에 가졌던 믿음의
발자취를 따르는 자에게도 그러하다

13 아브라함이나 그의 후손에게 주어진 약속, 곧 그들이 세상의 상속자가
되리라는 약속은 률법으로 말미암은 것이 아니라 오직 믿음의 의로 말
미암은 것이다

14 률법의 추종자들이 상속자가 된다면 믿음은 헛것이 되고 약속은 쓸모
없게 된다

15 률법은 진노를 불러오고 률법이 없는 곳에는 범법도 없기 때문이다

16 그러므로 그 약속은 믿음에 근거하니 이는 그 약속이 은혜로 말미암은
것으로서 아브라함의 모든 후손, 곧 률법 아래 있는 자들뿐 아니라 아
브라함의 믿음을 지닌 자들에게도 그 약속이 보장되게 하려 함이다 아
브라함은 우리 모두의 조상이니

17 기록된 바 내가 너를 많은 민족의 조상으로 삼았다 함과 같다 그는 그가
믿은 하나님 곧 죽은 자를 살리시고 없는 것을 있는 것으로 불러내시는
그 하나님 앞에서 우리의 조상이다

18 아브라함은 바랄 수 없는 중에도 바라고 믿었으니 이로써 그는 네 씨가
그렇게 많아지리라 하신 말씀대로 많은 민족의 조상이 되였다

19 그가 백 살 가까이 되여 그 몸이 이미 죽은 것 같이 되고 사라의 태가 불
임이라는 것도 알았으나 그는 믿음이 약해지지 않았으며

20 하나님의 약속에 대한 불신앙으로 흔들리지 않고 오히려 믿음이 더욱
굳세여져 하나님께 영광을 돌리며

21 하나님이 친히 약속하신 것을 능히 이루실 줄 확신하였다

22 그러므로 그것이 아브라함에게 의로 여겨졌다

23 그것이 그에게 의로 여겨졌다 하는 말씀은 아브라함만을 위하여 기록
된 것이 아니고

24 우리도 위함이니 하나님이 예수 우리 주를 죽은 사람들 가운데서 일으
키셨음을 믿는 우리도 의롭게 여겨지리라

25 예수는 우리의 허물 때문에 죽음에 넘겨지셨고 우리의 의롭다 하심을
위하여 일으킴을 받으셨다

"문 밖에 나가면 굶어 죽은 시체들이 즐비한 것을 내 눈으로 직접 봤습니다. 그 시체들을 땅에 파서 묻을 힘도 없어 그냥 웅덩이 같은 곳에 가져다 버렸습니다. 역전 같은 곳에 죽은 시체들이 즐비한데도 산 사람들은 그 옆에 아무렇지도 않게 앉아 있습니다."

북한은 30년 이상 계속되는 식량난으로 인해 350만이 넘는 아사자들이 발생했다. 이로 인해 북한 주민들을 대상으로 인신매매가 성행하고, 가정이 깨어져 유리하는 꽃제비 아이들이 곳곳에 넘쳐나고 있다. 북한의 가정구조가 깨어지는 참담한 상황이 더 이상 일어나지 않도록 굶주린 북한 주민들의 생활에 필요한 최소한의 의식주가 공급되어야 할 것이다.

–「북한 복음화를 위한 31일 기도」 65p

5장

1절-21절

5장

하나님의 사랑

1 그러므로 우리가 믿음으로 의롭다 하심을 얻었으니 우리 주 예수 그리스
도로 말미암아 하나님과 평화를 누린다

2 우리가 또한 그리스도로 말미암아 믿음을 통하여 우리가 서 있는 이 은혜
로 들어갈 길을 얻었으니 하나님의 영광에 대한 소망 가운데서 자랑한다

3 이것뿐 아니라 우리가 환난 중에도 기뻐하니 이는 환난은 인내를 낳고

4 인내는 인격을 낳고 인격은 소망을 낳는 줄 우리가 알기 때문이다

5 소망은 우리를 부끄럽게 만들지 않음은 우리에게 주어진 성령으로 말미
암아 하나님의 사랑이 우리 마음에 부어졌기 때문이다

6 우리가 아직 연약할 때에 그리스도께서 불경건한 자들을 위하여 때맞추
어 죽으셨다

7 사람이 의로운 자를 위하여 죽는 경우가 매우 드물고 선한 자를 위하여
감히 죽으려는 사람이 간혹 있으나

8 우리가 아직 죄인이였을 때에 그리스도께서 우리를 위하여 죽으심으로
하나님이 우리에 대한 자신의 사랑을 확증하셨다

9 이제 우리가 그의 피로 말미암아 의롭다 하심을 얻었으니 더욱더 확실하
게 우리가 그로 말미암아 하나님의 진노에서 구원을 받으리라

10 우리가 대적이였을 때에 그의 아들의 죽음을 통하여 하나님과 화해하
게 되였다면 화해하게 된 우리는 더욱더 그의 생명을 통하여 구원을 받
으리라

11 이뿐 아니라 이제 우리는 우리로 화해를 누리게 하신 우리 주 예수 그
리스도로 말미암아 하나님 안에서 기뻐한다

12 ◦ 그러므로 한 사람을 통하여 죄가 세상에 들어오고 죄를 통하여 사망
이 들어온 것 같이 모든 사람이 죄를 지었으므로 사망이 모든 사람에
게 퍼졌다

13 사실상 률법이 있기 전에도 죄가 세상에 있었으나 률법이 없을 때에는
죄가 죄로 여겨지지 않았다

14 그러나 아담부터 모세까지 사망이 임금 노릇하고 아담이 범한 것 같은
죄를 범하지 않은 자들에게도 그렇게 하였으니 아담은 오시기로 예정
된 이의 표상이다

15 그러나 은사의 경우는 범죄의 경우와 같지 않다 한 사람의 범죄로 많은
사람이 죽었으나 한 사람 예수 그리스도의 은혜로 말미암은 하나님의
은혜와 은사가 더욱더 많은 사람에게 넘쳤기 때문이다

16 또한 그 은사는 죄를 범한 한 사람으로 말미암은 결과와는 다르다 한 사
람으로 말미암은 심판은 정죄를 가져 왔으나 많은 범죄 다음에 온 은사
는 의롭다 하심을 가져왔기 때문이다

17 한 사람의 범죄로 말미암아 사망이 그 한 사람을 통하여 임금 노릇하였
으나 은혜와 의의 은사를 넘치도록 받은 자들은 그 한 사람 예수 그리스
도를 통하여 생명 가운데서 더욱더 임금 노릇하게 되리라

18 그러므로 한 사람의 범죄로 모든 사람이 정죄에 이르렀던 것 같이 한 사
람의 의의 행위로 모든 사람이 의롭다 하심과 생명에 이르렀으니

19 한 사람의 불순종으로 많은 사람이 죄인 되였던 것 같이 한 사람의 순
종으로 많은 사람이 의인이 되리라

20 률법이 들어와 범죄가 많아지게 하였으나 죄가 많아진 곳에 은혜가 더
욱더 풍성하여졌으니

21 이는 죄가 사망 가운데서 임금 노릇한 것 같이 은혜도 우리 주 예수 그
리스도로 말미암아 의를 통하여 영원한 생명 가운데서 임금 노릇하려
함이다

이제 곧 하나님은 북한의 문을 여실 것이다. 이때 북한에 가서 사역할 사역자들이 훈련되어야 한다. 이미 분단되어 오가지 못함으로 서로를 이해할 수 없는 남북한의 상황에서 북한을 이해하는 사역자들이 준비되어야 한다. 이들이 곧 지금 한국에 와 있는 3만 5천여 명에 이르는 탈북자들이고, 특히 그들 중에 신학을 공부하고 있거나 각 분야에서 북한에 돌아가 사역하길 원하는 탈북사역자들이 훈련되어야 한다. 그러나 이미 한국교회의 영향을 받아 탈북자들이 자신들이 속한 교단에서 신학공부를 하며 서로 연합하지 못하는 안타까운 상황이다. 북한 회복 시 이러한 폐단이 발생하지 않도록 지금부터 탈북신학생들이 하나된 공동체로 준비될 수 있어야 한다. 특히 많은 탈북자들이 이단에 빠지고 있는데, 북한 회복 시 이단의 무리가 북한에 뿌리내리지 못하도록 막아서며 기도해야 한다.

-「북한 복음화를 위한 31일 기도」 204p

6장

1절-23절

6장

하나님의 은사

1 그런즉 우리가 무엇을 더 말해야 하겠는가 은혜를 풍성하게 하려고 우리
가 죄에 계속 머물러야 하겠는가

2 결코 그럴 수 없다 죄에 대하여 죽은 우리가 어떻게 그 가운데서 계속 살
아갈 수 있겠는가

3 그리스도 예수 안에 잠겨 세례를 받은 우리가 그의 죽음 안에 잠겨 세례
를 받은 줄 여러분은 모르는가

4 그러므로 우리가 그의 죽음 안에 잠겨 세례를 받음으로 그와 함께 묻혔
으니 이는 그리스도께서 아버지의 영광으로 말미암아 죽은 자들 가운데
서 일으키심을 받은 것 같이 우리도 생명의 새로움 가운데서 살아가게
하려 함이다

5 만일 우리가 그의 죽으심과 같은 모양으로 그와 련합되였다면 우리가 그
의 부활과 같은 모양으로도 그와 련합되리라

6 우리가 알거니와 우리 옛 사람이 예수와 함께 십자가에 못 박힌 것은 죄
의 몸이 소멸되여 다시는 우리가 죄의 종이 되지 않으려 함이다

7 죽은 사람마다 죄에서 해방되기 때문이다

8 우리가 그리스도와 함께 죽었으면 또한 그와 함께 살 것을 믿으니

9 이는 그리스도께서 죽은 자들 가운데서 일으킴 받으셨으므로 다시는 그
가 죽지 않으시고 사망이 더 이상 그를 지배하지 못할 것임을 우리가 알
기 때문이다

10 그가 겪으신 죽음은 죄에 대하여 최종적으로 죽으심이요 그가 누리시는
생명은 하나님께 대하여 사는 것이니

11 이와 같이 여러분도 여러분 자신을 죄에 대하여는 죽은 자요 그리스도
예수 안에서 하나님께 대하여는 살아 있는 자로 여겨야 한다

12 그러므로 여러분은 죄가 여러분의 썩을 몸을 다스리지 못하도록 몸의
정욕에 복종하지 말라

13 또한 자신의 지체를 불의의 도구로 죄에 내맡기지 말고 죽음에서 생명
으로 옮겨진 자로서 자신을 하나님께 드리며 여러분의 지체를 의의 도
구로 하나님께 드리라

14 죄가 여러분을 다스리지 못할 것이니 이는 여러분이 더 이상 률법 아래
있지 않고 은혜 아래 있기 때문이다

15 ◦ 그렇다면 무엇인가 우리가 률법 아래 있지 않고 은혜 아래 있으니 죄
를 지을 것인가 결코 그럴 수 없다

16 여러분이 자신을 누구에게 종으로 내주어 섬기면 자신이 섬기는 그 사
람의 종이 되는 것을 알지 못하는가 여러분이 죄의 종으로 죽음에 이르
게 되거나 순종의 종으로 의에 이르게 되는 것이다

17 그러나 내가 하나님께 감사하는 것은 여러분이 죄의 종이였으나 여러분
에게 전하여진 그 가르침의 본을 마음으로 순종함으로써

18 죄에서 해방되여 의의 종이 된 사실이다

19 여러분의 육신이 연약함으로 인하여 내가 사람의 방식으로 말하노니 전
에는 여러분이 자기 지체를 더러움과 불법에게 종으로 내주어 더 큰 불
법에 이르렀으나 이제는 여러분의 지체를 의에게 종으로 내주어 거룩
함에 이르라

20 여러분이 죄의 종이였을 때에는 의에 대하여 자유로웠다

21 그런데 그때에 여러분은 지금 부끄러워하는 그 일들 가운데서 어떤 열
매를 맺었는가 그 일들의 마지막은 사망이다

22 그러나 이제는 여러분이 죄에서 해방되고 하나님의 종이 되여 거룩함에
이르는 열매를 맺고 있으니 그 마지막은 영원한 생명이다

23 그런즉 죄의 삯은 사망이요 하나님의 은사는 그리스도 예수 우리 주 안
에 있는 영원한 생명이다

모퉁이돌선교회는 해방 이후 북한에서 신앙을 지켜온 그루터기 성도들과 중국에 나와 훈련을 받고 북한으로 돌아간 3,019명이 넘는 성도들을 위해 '평양국제성경학교' 를 통해 성경을 가르치고 예배를 드릴 수 있도록 준비해 왔다. 앞으로 이 과정을 더욱 확대, 보강하여 2년 과정의 성경전문학교에서 시대별, 성경별 성경 강해와 히브리어 강의 등을 통해 북한 안에 있는 지도자들과 탈북자들을 준비시켜 북한 회복 후 북한에서 사역하는 선교사와 목회자로 세울 수 있도록 훈련하려고 한다. 이 사역이 실제적으로 추진되어 북한 회복 후 건강한 하나님의 사역을 감당할 일꾼들이 세워지길 기도한다. 특히 방송을 통해 진행되는 2년 과정의 성경전문학교에 필요한 강사, 커리큘럼, 강의를 전달할 수 있는 탁월한 일꾼들과 기계, 비용들이 준비되어 운영될 수 있도록 기도가 필요하다.

-「북한 복음화를 위한 31일 기도」 210p

7장

1절-25절

7장

하나님의 법

1 형제들아 내가 법을 아는 자들에게 말하노니 법은 사람이 살아 있는 동
안에만 그 사람을 다스리는 줄 알지 못하는가

2 남편이 있는 녀인은 그 남편이 살아 있는 동안 법에 따라 그에게 매이나
남편이 죽으면 그 남편의 법에서 벗어난다

3 그러므로 만일 그녀가 남편이 살아 있는 동안에 다른 남자에게 가면 간통
한 녀자로 일컬어질 것이나 그녀의 남편이 죽으면 그녀가 그 법에서 자유
로워지므로 다른 남자에게 가도 간통한 녀자가 되지 않는다

4 그러므로 내 형제들아, 너희도 그리스도의 몸을 통하여 률법에 대하여
죽었으니 이는 다른 분, 곧 죽은 자 가운데서 일으킴을 받으신 그분에게
속하여 우리로 하나님께 열매 맺게 하려 함이다

5 우리가 육신 가운데 있을 때에는 률법으로 말미암는 죄의 정욕이 우리 지
체들 가운데서 역사하여 사망의 열매를 맺었으나

6 이제는 우리가 우리를 사로잡았던 것에 대하여 죽었으므로 률법에서 풀
려났으니 우리는 기록된 낡은 법전 안에서가 아니라 성령의 새 생명 안
에서 섬긴다

7 ◦ 그러면 우리가 무슨 말을 해야 하겠는가 률법이 죄인가 결코 아니다
오히려 내가 률법을 통하지 않고서는 죄를 알지 못하였을 것이니 만
일 률법이 탐내지 말라 하고 말하지 않았다면 나는 탐심을 알지 못하
였으리라

8 그러나 죄가 계명을 통하여 기회를 타서 온갖 탐욕을 내 속에 만들어냈
으니 률법이 없을 때에는 죄가 죽어 있었다

9 내가 한때는 률법 없이 살았으나 계명이 들어오자 죄가 살아나고 나는
죽었으니

10 생명을 약속한 바로 그 계명이 도리여 내게는 사망임이 립증되였다

11 이는 죄가 계명을 통하여 기회를 타서 나를 속이고 또 그것을 통하여 나
를 죽였기 때문이다

12 그러한 까닭에 률법은 거룩하고 계명도 역시 거룩하고 의롭고 선하다

13 그러면 선한 것이 나에게 사망을 가져왔는가 결코 아니다 선한 것을 통
하여 내 안에 사망을 만들어낸 것은 죄였으니 이는 죄가 죄로 드러나게
하려 함이요 계명을 통하여 죄가 지극히 사악한 것이 되게 하려 함이다

14 우리가 아는 바대로 률법은 령에 속하나 나는 육신에 속하여 죄 아래
팔렸도다

15 나는 나 자신이 행하는 것을 리해하지 못하니 이는 내가 원하는 것은 행
하지 않고 오히려 내가 미워하는 것을 행하기 때문이다

16 만일 내가 원하지 않는 것을 행하면 나는 률법이 선함을 시인하는 것
이다
17 그러나 사실상 그것을 행하는 자는 내가 아니라 내 안에 거하는 죄이다
18 내 안에 곧 내 육신 안에 선한 것이 거하지 않음을 내가 아노니 원함은
내게 있으나 선을 행할 능력은 없다
19 내가 원하는 선은 행하지 않고 도리여 원하지 않는 악을 행하는데
20 만일 내가 원하지 않는 것을 행하면 그것을 행하는 것은 내가 아니라
내 속에 거하는 죄이다
21 그러므로 내가 한 법을 발견하였으니 선을 행하기 원하는 나에게 악이
함께 있는 것이다
22 내가 속사람으로는 하나님의 법을 즐거워하나
23 내 몸의 지체들 속에서 또 다른 법이 내 마음의 법과 싸워 나를 내 지체
들 속에 거하는 죄의 법에게로 사로잡아 오는 것을 내가 본다
24 오호라 나는 불쌍한 인간이로다 누가 나를 이 사망의 몸에서 건져내랴
25 예수 그리스도 우리 주로 말미암아 하나님께 감사드린다 그런즉 나 자
신이 마음으로는 하나님의 법을 섬기나 육신으로는 죄의 법을 섬긴다

남한과 북한이 대치된 가운데 한반도는 미국과 중국, 일본, 러시아 등 주변 강대국들과의 역학관계로 복잡하게 얽혀 있다. 이들 나라들 가운데 누구도 한반도의 통일을 원하지 않고 있다. 따라서 이들의 개입으로 하나님이 행하시는 한반도의 통일이 방해받지 않도록 기도해야 한다.

-「북한 복음화를 위한 31일 기도」 128p

8장

1절-39절

8장

하나님의 령

1 그러므로 이제 그리스도 예수 안에 있는 자에게는 어떠한 정죄도 없으니

2 이는 그리스도 예수 안에 있는 생명의 성령의 법이 나를 죄와 사망의 법
에서 해방하였기 때문이다

3 률법이 육신의 연약함으로 인하여 할 수 없었던 그것을 하나님이 행하셨
으니, 곧 자신의 친아들을 죄 많은 육신의 모양으로 보내심으로써 죄를
처리하시며 육신 안에서 죄를 정죄하시고

4 이로써 육신을 따라 행하지 않고 오직 성령을 따라 행하는 우리 안에서
률법의 의로운 요구가 이루어지게 하셨다

5 육신을 따라 사는 자들은 육신의 일을, 성령을 따라 사는 자들은 성령의
일을 늘 생각하니

6 육신의 생각은 사망이나 성령의 생각은 생명과 평화라

7 육신의 생각은 하나님을 대적하므로 하나님의 법에 순종하지 않을 뿐 아
니라 순종할 수도 없으며

8 육신에 있는 자들은 하나님을 기쁘게 해드릴 수도 없다

9 그러나 여러분 안에 하나님의 령이 거하시면 여러분은 육신에 머물러 있
지 않고 성령 안에 있으니 누구든지 그리스도의 령을 모시지 않으면 그
리스도의 사람이 아니다

10 그러나 그리스도께서 여러분 안에 계시면 몸은 죄로 인하여 죽어 있으
나 령은 의로 인하여 살아 있다

11 만일 예수를 죽은 자들 가운데서 일으키신 이의 령이 여러분 안에 거하
시면 그리스도를 죽은 자들 가운데서 일으키신 이가 여러분 안에 거하
시는 그의 령을 통하여 여러분의 죽을 몸도 살리시리라

12 그러므로 형제들아 우리가 빚진 자이나 육신에 팔려 육신의 뜻대로 살
아서는 안 된다

13 만일 여러분이 육신의 뜻대로 살면 죽을 것이나 성령을 힘입어 몸의 행
실을 죽이면 살 것이니

14 하나님의 령으로 인도하심을 받는 사람은 다 하나님의 자녀이다

15 여러분은 다시금 두려움에 빠지는 노예의 령을 받지 않고 양자의 령을
받았으니 우리가 아바 아버지라고 부르짖을 때에
16 성령께서 친히 우리가 하나님의 자녀인 것을 우리의 령과 함께 증거하
신다
17 그런즉 자녀이면 상속자, 곧 하나님의 상속자인 동시에 그리스도와 함
께 누리는 공동 상속자이니 우리가 그와 함께 영광을 누리기 위하여 고
난도 함께 당한다
18 ◦ 생각하건대 우리의 현재 고난들은 앞으로 우리에게 나타날 영광과 비
교될 수 없다
19 모든 피조물은 하나님의 자녀가 나타나기를 간절히 기다리니
20 피조물이 헛된 것에 종속된 것은 스스로의 뜻이 아니라 그것을 종속시
키신 이의 뜻에 의한 것이다
21 피조물이 바라는 것은 썩어짐의 종살이에서 해방되여 하나님의 자녀가
누리는 영광의 자유에 이르는 것이다
22 우리는 모든 피조물이 지금까지 탄식하며 신음하고 있음을 안다

23 그뿐 아니라 성령의 첫 열매들을 받은 우리도 속으로 신음하며 립양, 곧
우리 몸의 구속을 간절히 기다리고 있다
24 우리가 소망 가운데서 구원을 받았으나 보이는 소망은 소망이 아니니
어느 누가 자기가 보고 있는 것을 소망하겠는가
25 그러나 우리가 보이지 않는 것을 소망한다면 인내를 가지고 그것을 기
다린다
26 마찬가지로 성령께서도 우리의 연약함을 도우시니 우리가 어떻게 기도
해야 할지를 알지 못할지라도 성령께서 친히 말할 수 없는 탄식으로 우
리를 위하여 중보하신다
27 우리의 마음을 자세히 살피시는 이가 성령의 생각을 아시니 이는 성령
께서 성도들을 위하여 하나님의 뜻대로 중보하시기 때문이다
28 우리가 알거니와 하나님을 사랑하는 자, 곧 그분의 목적에 따라 부르심
을 입은 자들에게는 모든 것이 합력하여 선을 이룬다
29 하나님은 미리 아신 사람들에게 그의 아들의 형상을 본받도록 예정하셨
으니 이는 그의 아들로 많은 형제 중에서 맏배 아들 되게 하려 하심이다
30 더 나아가 하나님은 친히 예정하신 사람들을 또한 부르셨고 부르신 사
람들을 또한 의롭다 하셨으며 의롭다 하신 사람들을 또한 영광스럽게
하셨다

31 ◦ 그러면 우리가 이 일에 대하여 무슨 말을 해야 하겠는가 하나님이 우
리를 위하시면 누가 감히 우리를 대적하겠는가
32 친아들을 아끼지 않으시고 우리 모든 사람을 위하여 내여주신 하나님이
그 아들과 함께 모든 것을 우리에게 은혜로 주시지 않겠는가
33 누가 감히 하나님께서 택하신 자들을 고발하겠는가 의롭다 하신 이는
하나님이시니
34 누가 정죄하겠는가 죽으셨을 뿐 아니라 일으키심을 받아 하나님 오른
편에 계시고 우리를 위하여 또한 중보하시는 이는 그리스도 예수시니
35 누가 우리를 그리스도의 사랑에서 떼어 놓겠는가 환난이나 고통이나 박
해나 기근이나 벌거벗음이나 위험이나 칼이랴
36 기록된 바 당신을 위하여 우리가 온종일 죽임을 당하고 도살당할 양 같
이 여겨지고 있습니다 함과 같다
37 그러나 이 모든 일 가운데서도 우리는 우리를 사랑하시는 이로 말미암
아 확실히 승리하느니라
38 내가 확신하노니 죽음이나 생명이나 천사들이나 통치자들이나 현재 일
이나 장래 일이나 능력이나
39 높음이나 깊음이나 그 밖에 어떤 피조물도 우리를 그리스도 예수 우리
주 안에 있는 하나님의 사랑에서 결코 떼어놓을 수 없으리라

철의 장막으로 굳게 닫혀 바깥세상을 모르던 북한 주민들이 굶주림을 견디다 못해 양식을 구하러 중국에 나왔다가 천지가 개벽할 만한 세상을 보았다. 또한 남한이 거지들로 들끓는 나라가 아니라 북한보다 잘 사는 나라임을 알게 되었다. 그러자 수령독재체제에 물들었던 저들의 견고한 생각에도 금이 가기 시작하면서 북한이 개방을 해서 남한과 경제교류를 하는 것이 살 길임을 깨닫고, 그것을 열망하기 시작했다. 자신들의 체제 유지를 위해 문을 꼭꼭 걸어 잠근 북한 지도부가 경제개방을 시작할 때, 이를 통해 북한의 문이 더욱 활짝 열릴 것이다.

–「북한 복음화를 위한 31일 기도」 73p

9장

1절-33절

9장

하나님의 자녀

1 내가 그리스도 안에서 진실을 말하고 거짓을 말하지 않으니 내 량심이 성
령 안에서 나에 대하여 증언하거니와
2 내 마음에 큰 슬픔과 끊임없는 고뇌가 있다
3 그것은 내가 내 형제들, 곧 혈육상의 내 동족을 위하여 나 자신이 저주를
받아 그리스도에게서 끊어질지라도 원하는 바이기 때문이다
4 그들은 이스라엘 사람이고 립양과 영광과 계약들과 주어진 률법과 례배
와 약속들이 그들의 것이며
5 조상들도 그들의 것인데 혈통상 그들에게서 그리스도께서 나셨으니 그는
만유 우에 계시고 영원토록 찬양받으실 하나님이시다 아멘
6 하나님의 말씀이 무효가 된 것 같지 않다 이는 이스라엘 혈통에서 태여
난 사람들이 다 이스라엘이 아니고
7 또 아브라함의 씨가 다 그의 자녀가 아니라 오직 이삭으로부터 난 자라
야 네 씨로 일컬어지리라 하셨기 때문이다

8 다시 말해서 육신의 자녀가 하나님의 자녀가 아니고 오직 약속의 자녀
만 씨로 여겨진다
9 약속의 말씀은 이것이니, 래년 이맘 때에 내가 올 것이니 그때에 사라가
아들을 가지리라 하신 것이다
10 그뿐 아니라 리브가가 우리 조상 이삭 한 사람으로 말미암아 임신하였
을 때에도
11 아직 자녀들이 태여나지 않았고 또 어떤 선이나 악을 행하지 않았을 때
에 택하심에 관한 하나님의 목적이 행위로 말미암지 않고 오직 부르시
는 이로 말미암아 서게 하시려고
12 리브가에게 형이 아우를 섬기리라 하는 말씀이 선포되였으니
13 기록된 바 내가 야곱은 사랑하고 에서는 미워하였다 하심과 같다
14 그런즉 우리가 무슨 말을 해야 하겠는가 하나님 편에 불공정이 있는가
결단코 아니다
15 하나님이 모세에게 말씀하시기를 내가 긍휼히 여길 자를 긍휼히 여기고
불쌍히 여길 자를 불쌍히 여기리라 하셨으니
16 그것은 원하는 자나 달음질하는 자에게 달려 있지 않고 오직 긍휼을 베
푸시는 하나님께 달려 있다

17 그리하여 성경이 바로에게 말씀하시기를, 내가 너를 일으켜 세운 목적
은 이것이니, 너에게 나의 권능을 보여 나의 이름이 온 땅에 선포되게
하려 함이다 하셨다

18 그러므로 하나님은 자신이 원하시는 자를 긍휼히 여기시고 자신이 원하
시는 자의 마음을 굳어지게 하신다

19 ◦ 혹시 그대가 나에게 묻기를 그러면 어찌하여 하나님이 잘못을 들추어
내시는가 과연 누가 그의 뜻을 대적할 수 있겠는가 할 것이니

20 이 사람아 그대가 누구이기에 하나님께 감히 말대꾸하는가 지어진 물건
이 자기를 지은 자에게 묻기를 왜 나를 이렇게 만들었느냐 할 수 있는가

21 토기쟁이가 진흙 한 덩이에서 하나는 귀히 쓸 그릇을, 또 하나는 천하
게 쓸 그릇을 만들 권한이 없는가

22 하나님이 자신의 진노를 나타내 보이시고 자신의 권능을 알리시려고 멸
망받아 마땅한 진노의 그릇들에게 큰 인내로 참아 주셨다면 무엇이 문
제인가

23 또 하나님이 영광을 위하여 미리 예비하신 긍휼의 그릇들에게 자신의
영광의 풍성함을 알리려고 그렇게 하셨다면 무엇이 문제인가

24 그 그릇들은 바로 우리, 곧 유대인 중에서뿐 아니라 이방인 중에서도 불
러내신 자들이 아닌가

25 하나님이 호세아에서도 말씀하시기를 내가 내 백성이 아닌 자들을 내
백성이라 은혜 입지 못한 자들을 나의 은혜 입은 자들이라 부르리라
26 그리고 너희는 나의 백성이 아니다 하는 말을 들었던 그들에게 바로 그
곳에서 그들이 살아 계신 하나님의 자녀로 일컬어지리라 하심과 같다
27 또 이사야가 이스라엘에 관하여 웨치기를 이스라엘 자손의 수가 바다의
모래와 같을지라도 오직 남은 자만 구원을 받으리니
28 이는 주께서 신속하고 단호하게 온 땅에 심판을 실행하실 것이기 때문
이다 하였다
29 또한 이사야가 예견한 바 만유의 주께서 우리에게 씨를 남겨두지 않으
셨다면 우리는 소돔과 같이 되고 고모라와 같이 되였으리라 함과 같다
30 ◦ 그런즉 우리가 무슨 말을 해야겠는가 의를 추구하지 않았던 이방인들
이 의를 얻었으니, 곧 믿음으로 말미암은 의다
31 그러나 의의 법을 추구하던 이스라엘은 의의 법을 이루지 못하였으니
32 어찌 그러한가 이는 그들이 믿음에 근거하지 않고 행위에 근거하여 그
것을 추구하였기 때문이다 그들이 걸림돌에 걸려 넘어졌으니
33 기록된 바 보라 내가 걸림돌, 곧 그들을 넘어지게 하는 반석을 시온에
두니 누구든지 그를 믿는 자는 부끄러움을 당하지 않으리라 함과 같다

해방 이후 분단되어 단절된 상태로 오늘에 이른 남과 북의 언어는 많은 부분 다른 뜻으로 사용되고 있다. 지난 38년 동안 북한에 성경을 배달해 온 모퉁이돌선교회는 북한 성도들이 한글성경을 읽고 이해하는 데 어려움이 많음을 보고 북한어로 성경을 번역하기 시작했다. 신약성경은 2006년부터 인쇄하여 배달하였고, 2016년 구약성경 번역을 마치고 북한어 신구약 합본이 발행되었다. 2021년 6월에는 남북한 언어를 한 페이지에서 볼 수 있는 남북한 병행성경이 출간되었다. 이를 통해 북한의 590만(2014년 통계청자료) 가정에 북한어성경을 한 권씩 보낼 수 있도록 준비하고 있다. 하나님의 말씀이야말로 이들을 신앙으로 굳게 세우는 원동력이며, 북한에 그들의 언어로 된 성경을 보내는 것은 앞으로 언어로 인해 교회 안에 생기게 될 혼란에 대비하여 북한의 회복을 준비하는 길이다.

– 「북한 복음화를 위한 31일 기도」 166p

10장

1절-21절

10장

하나님의 구원

1 형제들아 하나님을 향한 내 마음의 소원과 간구는 이스라엘이 구원을 받
는 것이다

2 내가 증언하노니 그들이 하나님께 열심을 품었으나 올바른 지식을 따른
것이 아니다

3 그들이 하나님께로부터 오는 의를 알려 하지 않고 자기 의를 세우려 함
으로써 하나님의 의에 복종하지 않았기 때문이다

4 그리스도는 률법의 종결로서 모든 믿는 사람을 의에 이르게 하신다

5 모세가 률법으로 말미암는 의에 대하여 기록하기를 이 일들을 행하는 자
는 그것들로 말미암아 살리라 하였으나

6 믿음으로 말미암는 의는 말하기를 너는 네 마음으로 누가 하늘로 올라
가겠는가 하고 말하지 말라 하니 그것은 그리스도를 끌어내리는 것이요

7 또 누가 무저갱에 내려가겠는가 하지 말라 하니 이는 그리스도를 죽은 사
람들 가운데서 끌어올리는 것이다

8 그러면 성경이 무엇을 말하는가 말씀이 너에게 가까이 있으니 네 입과 네
마음에 있다 하였는데 이는 우리가 전파하는 믿음의 말씀이다

9 만일 그대가 그대 입으로 예수를 주로 고백하고 하나님이 그를 죽은 자
가운데서 일으키신 것을 그대 마음에 믿으면 구원을 받으리라

10 사람이 마음으로 믿어 의에 이르고 입으로 고백하여 구원에 이르기 때
문이다

11 성경은 말하기를 누구든지 그를 믿는 자는 부끄러움을 당하지 않으리
라 하니

12 유대인과 헬라인 사이에 구별이 없다 바로 그 주께서 만유의 주로서 그
를 부르는 모든 사람에게 너그러우시니

13 누구든지 주의 이름을 부르는 자는 구원을 받으리라

14 그러면 그들이 믿지 않는 이를 어떻게 부르겠는가 그들이 들어본 적이
없는 이를 어떻게 믿겠는가 그를 전파하는 자가 없는데 어떻게 그들이
듣겠는가

15 그리고 그들이 보내심을 받지 않았는데 어떻게 전파하겠는가 기록된 바
좋은 소식을 전하는 자들의 발이 어찌 그리 아름다운가 함과 같다

16 그러나 모든 사람이 복음에 순종한 것은 아니다 이사야가 말하기를 주
여 우리가 전한 것을 누가 믿었습니까 하였으니

17 그러므로 믿음은 들음에서 오며 들음은 그리스도의 말씀으로 말미암
는다

18 그러나 내가 묻노니 그들이 듣지 못하였는가 아니다 그들이 들었으니
그 소리가 온 땅으로 나가고 그 말씀이 세상에 끝까지 퍼졌다 함과 같다

19 내가 다시 묻노니 이스라엘이 알지 못하였는가 가장 먼저 모세가 말하
기를 내가 백성이 아닌 자들로써 너희 질투를 불러일으키고 우둔한 민
족으로써 너희를 분노하게 하리라 하였다

20 그리고 이사야가 매우 담대하게 말하기를 내가 나를 찾지 않은 자들에
게 내 모습을 나타내고 나를 구하지 않은 자들에게 나 자신을 드러냈
다 하였으나

21 이스라엘에 대하여는 이사야가 말하기를 불순종하고 거역하는 백성에
게 내가 온종일 내 손을 내밀었다 하였다

북한 공산당과 인민들의 당과 수령에 대한 충성이 견고하지만, 북한의 내부를 주의 깊게 살펴보면 상부의 강력한 지시와 명령을 받는 하부계급이 불만을 토로하기도 한다. 조직적이고 강압적인 통제와 감시에도 불구하고, 당과 수령에 대한 군과 공산당원들의 충성심이 과거와는 달리 약화되었고, 이런 현상이 밑으로 갈수록 심화되고 있다. 이러한 북한 체제로부터의 이탈이 앞으로 하나님께 드려지는 충성으로 바뀌어야 할 것이다.

-「북한 복음화를 위한 31일 기도」 25p

11장

1절-36절

11장

하나님의 백성

1 그러므로 내가 묻노니 하나님이 자신의 백성을 버리셨는가 결코 아니다
나도 이스라엘 사람이요 아브라함의 씨에서 난 자요 베냐민 지파의 한
사람이다

2 하나님은 미리 아신 자신의 백성을 버리지 않으셨다 여러분은 성경이 엘
리야에 관하여 무엇이라고 말하는지, 그가 이스라엘에 대하여 하나님께
어떻게 고발하는지 알지 못하는가 그가 말하기를,

3 주여, 그들이 주의 대언자들을 죽이고 주의 제단들을 헐어버렸습니다 이
제 나 홀로 남겨졌는데 그들이 나의 목숨을 노립니다 하였다

4 그에 대한 하나님의 대답은 무엇이였는가 내가 나를 위하여 바알에게 무
릎 꿇지 않은 사람 칠천 명을 남겨 두었다 하셨으니

5 이와 같이 지금도 은혜로 택하심을 받아 남은 자가 있다

6 만일 그것이 은혜로 되는 것이면 더 이상 행위로 말미암는 것이 아니다
그렇지 않으면 은혜는 더 이상 은혜가 되지 못하였으리라

7 그러면 무엇인가 이스라엘은 찾고 있던 것을 얻지 못하였으나 택하심을
받은 자들은 그것을 얻었고 그 나머지 사람들은 마음이 굳어졌으니

8 기록된 바 하나님이 그들에게 둔한 령과 볼 수 없는 눈과 들을 수 없는
귀를 주셨으니 오늘까지 그러하다 함과 같다

9 그리고 다윗이 말하기를 그들의 밥상이 그들에게 올무와 덫과 걸림돌과
징벌이 되게 하시고

10 그들의 눈은 어두워져 볼 수 없고 그들의 등은 항상 굽어 있게 하소서
하였다

11 ◦ 그러므로 내가 묻노니 유대인들이 걸려 넘어져 다시 일어날 수 없게
되였는가 결코 아니다 다만 그들의 걸려 넘어짐으로 말미암아 구원이
이방인에게 이르렀으니 이는 이스라엘로 시기하게 하려 함이다

12 유대인들의 넘어짐이 세상의 부요함이 되고 그들의 실패가 이방인의 부
요함이 되였다면 그들의 충만함은 얼마나 큰 부요함을 뜻하겠는가

13 이방인인 여러분에게 말하노니 내가 이방인의 사도로서 내 직분을 드
높이는 까닭은

14 아무쪼록 내가 나의 친족들을 시기하게 하여 그들 중 일부를 구원하려
함이다

15 유대인들을 배척하는 것이 세상의 화목이 된다면 그들을 받아들이는 것
은 죽은 자들 가운데서 살아나는 것 이외에 무엇이겠는가

16 첫 열매로 드려진 반죽의 첫 부분이 거룩하면 온 반죽도 거룩하고 뿌리
가 거룩하면 가지들도 그러하다

17 그러나 그 가지들의 일부가 꺾여나가고 들올리브나무인 그대가 거기에
접붙여져 올리브나무의 풍성함을 누리게 되었으니

18 그대는 그 원가지들을 향하여 자랑하지 말라 만일 자랑하려거든 그대
가 뿌리를 지탱하는 것이 아니고 뿌리가 그대를 지탱한다는 사실을 기
억하라

19 그러면 그대가 말하기를, 그 가지들이 꺾여져 나간 것은 내가 거기에 접
붙임을 받게 하려 함이였다 할 것이니

20 참으로 그러하다 그들은 믿지 않음으로 인하여 꺾여져 나갔으나 그대
는 믿음으로 말미암아 서 있으니 그대는 교만한 마음을 품지 말고 도리
여 두려워하라

21 하나님이 원가지들을 아끼지 않으셨다면 그대도 아끼지 않으시리라

22 그러므로 여러분은 하나님의 인의하심과 준엄하심을 깊이 생각하라 넘
어지는 자들에게는 준엄하심이 있으나 여러분에게는 하나님의 인의하
심이 있으니 여러분이 그의 인의하심 가운데 계속 머물러 있을 경우에
그러하고 그렇지 않으면 여러분도 잘라버려질 것이다
23 유대인들도 믿지 않는 상태에 고집스럽게 머물지 않으면 접붙임을 받
을 것이니 이는 그들을 다시 접붙이실 능력이 하나님께 있기 때문이다
24 만일 그대가 원래의 들올리브나무에서 잘라버려져 본성과 상반되는 좋
은 올리브나무에 접붙여진 것이라면 그 원가지들은 원래의 그 올리브나
무에 얼마나 더 잘 접붙여지겠는가
25 ◦ 형제들아 나는 여러분이 혹시라도 스스로 지혜롭다고 생각하여 이 비
밀을 깨닫지 못하게 되기를 원하지 않으니 이 비밀은 이방인의 충만한
수가 들어올 때까지 이스라엘의 일부가 마음이 굳어진 것이라
26 그 후에는 온 이스라엘이 구원받을 것이니 기록된 바 구원자가 시온에
서 오시여 야곱에게서 불경건을 몰아내시리라
27 내가 그들의 죄를 없앨 때에 이것이 내가 그들과 맺는 계약이 되리라
함과 같다
28 복음과 관련해서는 그들이 여러분으로 인하여 하나님의 대적이 되였
으나 선택과 관련해서는 그들이 조상들로 인하여 은혜 입은 자들이니
29 하나님의 은사들과 부르심에는 후회하심이 없다

30 여러분은 한때 하나님께 불순종하였으나 이제는 이스라엘의 불순종으
로 말미암아 오히려 긍휼을 얻고 있다
31 그러므로 그들이 지금까지 불순종한 것은 그들도 역시 여러분에게 베풀
어진 그 긍휼을 얻으려 함이다
32 하나님이 모든 사람을 불순종 가운데 몰아넣으신 것은 모든 사람에게
긍휼을 베풀려 하심이기 때문이다
33 깊도다 하나님의 부요와 지혜와 지식이여 그의 판단을 어찌 헤아릴 수
있으며 그의 길을 어찌 헤아릴 수 있으랴
34 누가 주의 마음을 알았는가 누가 그의 상담자가 되였는가
35 누가 하나님께 먼저 드려서 하나님이 자기에게 갚으시도록 하겠는가
36 이는 만유가 그에게서 나오고 그로 말미암고 그에게로 돌아가기 때문이
다 그에게 영원토록 영광이 있으리라 아멘

예전에 우리가 "공산당이 싫어요"라고 외쳤던 이유는 그들이 무서워서였다. 그런데 1인당 국민소득 3만 5천 달러 시대를 바라보는 지금, 남한 사람들 대다수가 통일을 싫어하는 이유는 그때와는 사뭇 다르다. 통일이 된 후 1인당 국민소득이 겨우 1천 불도 되지 않는 북한 사람들과 내 것을 나누고 싶지 않기 때문이다. 이러한 생각이 오늘날 대한민국 사람들 가운데 팽배해 있으며, 심지어 한국교회 안에서도 통일을 원하지 않는 사람들이 많다. 통일이 되면 가난한 북한 사람들을 위해 내가 가진 것을 나누고 싶지 않기 때문이다. 이제 한국교회가 북한에 필요한 양식과 물품들을 아낌없이 보내어 하나님의 사랑을 전해야 한다. 그리하여 통일의 때에 북한 주민들의 입술을 통해 "당신들이 우리의 필요를 채워주었다"라는 고백이 드려짐으로 남북한 백성들의 마음이 가까워질 것이다.

– 「북한 복음화를 위한 31일 기도」 81p

12장

1절-21절

12장

하나님의 뜻

1 그러므로 형제들아 내가 하나님의 풍성한 긍휼을 힘입어 여러분에게 호
소하노니 자신의 몸을 하나님이 기뻐하시는 거룩한 산 제물로 드리라 이
것이 여러분의 바른 례배다

2 여러분은 이 세대를 본받지 말고 오직 마음을 새롭게 함으로 변화되여
무엇이 하나님의 뜻인지, 곧 그의 선하고 기뻐하시고 완전한 뜻이 무엇
인지 분별하라

3 나에게 주어진 은혜로 말미암아 내가 여러분 각 사람에게 말하노니 여러
분은 자신에 대하여 마땅히 생각해야 하는 것보다 더 높게 생각하지 말
고 오직 하나님이 각자에게 나누어 주신 믿음의 분량대로 지혜롭게 생
각하라

4 우리가 한 몸에 많은 지체를 가졌으나 그 지체가 다 동일한 기능을 가지
지 않은 것 같이

5 우리 많은 사람도 그리스도 안에서 한 몸이요 각 사람은 서로 지체들이니

6 우리에게 주어진 은혜에 따라 우리가 서로 다른 은사를 소유하고 있은즉
그 은사가 대언하는 것이면 믿음의 분량대로,

7 섬기는 것이면 섬기는 일로, 가르치는 것이면 가르치는 일로,

8 권면하는 것이면 권면하는 일로 나누어주는 것이면 성실함으로, 지도하
는 것이면 부지런함으로, 긍휼을 베푸는 것이면 즐거움으로 해야 한다

9 ◦ 사랑에는 거짓이 없으니 악한 것을 미워하고 선한 것을 굳게 붙들라

10 형제를 사랑하여 서로 우애하고 존경하는 일에 서로 앞장서며

11 열심을 늦추지 말고 성령을 힘입어 뜨겁게 주를 섬기라

12 소망 중에 기뻐하고 고난 중에 인내하며 늘 기도하라

13 성도들의 필요를 따라 나누어 주며 손 대접하기를 힘쓰라

14 박해하는 자들을 축복하되 축복하고 저주하지 말라

15 기뻐하는 자들과 함께 기뻐하고 우는 자들과 함께 울라

16 서로 화목하게 살아가라 자신을 높이지 말고 낮은 사람들과 함께 낮아
지고 스스로 지혜로운 체하지 말라

17 누구에게도 악을 악으로 갚지 말고 모든 사람 앞에서 선한 일을 생각
하라

18 여러분의 재량으로 가능하다면 모든 사람과 평화롭게 지내라
19 은혜 입은 자들아 직접 보복하지 말고 하나님의 진노하심에 맡기라 보
복하는 것은 나의 일이니 내가 갚으리라 이는 주의 이르심이다 하였기
때문이다
20 오히려 그대는 그대의 원수가 굶주리면 그에게 먹이고 목말라 하면 마
실 것을 주라 이렇게 함으로써 그대가 그의 머리에 숯불을 쌓아놓게 되
리라
21 악에게 지지 말고 선으로 악을 이기라

대다수의 남한 사람들은 북한이 무너지면 곧 통일이 오는 것으로 생각한다. 그러나 북한이 무너질 때의 상황은 그렇게 간단하게 끝나지 않는다. 그러므로 우리는 어떤 형태로든 북한의 현 체제가 붕괴될 때 하나님을 알고 두려워하는 차기 지도자가 세워질 수 있도록 기도해야 한다.

-「북한 복음화를 위한 31일 기도」 150p

13장

1절-14절

13장

하나님의 사역자

1 각 사람은 다스리는 권세자들에게 복종하라 하나님께로부터 오지 않은
권세는 없으니 존재하는 모든 권세는 하나님에 의하여 세워졌다

2 그러므로 그 권세에 맞서는 자는 하나님이 세우신 제도에 맞서는 것이니
맞서는 자는 심판을 초래하리라

3 다스리는 자들은 선한 행위에 대해서가 아니라 악한 행위에 대해서 두려
움이 되니 그대가 권세자들을 두려워하지 않기 원하는가 선을 행하라 그
리하면 그에게 칭찬을 받으리라

4 그는 그대에게 선을 베풀기 위하여 세워진 하나님의 일군이니 그대가 악
을 행한다면 그를 두려워하라 그가 칼을 헛되이 가지고 있는 것이 아니
기 때문이다 그는 하나님의 일군으로서 악을 행하는 자에게 하나님의 진
노를 집행한다

5 그러므로 사람은 진노 때문이 아니라 량심 때문에 권세에 복종해야 한다

6 이 까닭에 여러분이 또한 세금을 바치니 권세자들은 바로 이 일을 위하
여 부지런히 일하는 하나님의 일군이다

7 여러분은 그들에게 주어야 할 것을 주되 군세를 받는 자에게는 군세를
바치고 국세를 받는 자에게는 국세를 바치며 두려워할 자는 두려워하고
존경할 자는 존경하라

8 ◦ 서로 사랑하는 것 외에는 누구에게든지 어떤 빚도 지지 말라 자기 이웃
을 사랑하는 자는 률법을 다 이룬 것이다

9 간음하지 말라, 살인하지 말라, 도둑질하지 말라, 탐내지 말라 하는 계
명들이나 그 밖의 다른 계명들도 네 이웃을 너 자신같이 사랑하라 하신
이 말씀으로 요약되니

10 사랑은 이웃에게 악을 행하지 않으므로 사랑은 률법의 완성이다

11 ◦ 또한 여러분이 이 시기를 알거니와 우리가 잠에서 깨어나야 할 때가
벌써 되였으니 이는 우리가 처음 믿었을 때보다 지금 우리의 구원이
더 가까이 이르렀기 때문이다

12 밤이 거의 끝나가고 낮이 가까웠다 그러므로 우리는 어둠의 일들을 벗
어 버리고 빛의 갑옷을 입자

13 우리가 낮에와 같이 단정히 행하고 방탕과 술 취함, 음란과 호색 그리
고 다툼과 시기에 빠지지 말자

14 오직 주 예수 그리스도로 옷 입고 정욕을 채우려고 육신의 일을 도모
하지 말라

"올 봄부터 시작해 배추농사를 마치는 가을까지 6가정이 모이는 교회가 되었습니다. 이것은 내 능력이 아니라 하나님께서 직접 하신 거란 말입니다. 긴대 성도들의 숫자가 많아지니까 소심해집니다. 제일 첫째는 우리 교회와 성도들의 안전을 위해 기도합니다." 이것은 북한 성도가 직접 들려준 고백이자 기도제목이다. 첫째도, 둘째도 성도들의 안전을 위해 우리가 마땅히 기도해야 할 이유는 지금 하나님의 교회가 북한 땅에서 왕성하게 세워지는 것이야말로 북한의 회복을 앞당기는 중요한 열쇠가 되기 때문이다. 특히 북한 지하교회가 부흥이 될 때, 북한에서 영향력 있는 당 간부들과 장교들에게 복음이 전해져 그들을 통해 교회가 세워지고 더욱 폭발적인 부흥을 가져오게 될 것이다. 모퉁이돌선교회는 현재도 북한에 사람들을 훈련시켜 보내는 일들을 중심사역으로 감당하고 있다.

-「북한 복음화를 위한 31일 기도」 187p

14장

1절-23절

14장

하나님의 나라

1 믿음이 연약한 사람을 받아 들이되 서로 다른 의견에 대하여 론쟁하지
말라

2 어떤 사람은 무엇이든 먹을 수 있는 믿음을 가졌으나 연약한 사람은 채
소만 먹으니

3 먹는 자는 먹지 않는 자를 업신여기지 말고 먹지 않는 자는 먹는 자를 비
판하지 말라 하나님이 그를 받아 들이셨기 때문이다

4 그대가 누구이기에 남의 종을 비판하는가 그가 서 있거나 넘어지는 것은
자기 주인 앞에서의 일이다 그가 세우심을 받을 것이니 이는 주께서 그
를 세우실 수 있기 때문이다

5 어떤 사람은 이 날을 저 날보다 중요하게 여기고 또 어떤 사람은 모든 날
을 다 똑같게 여기니 각자가 자기 마음으로 그렇게 확신하도록 놔두라

6 그 날을 중히 여기는 자는 주를 위하여 그렇게 하고 먹는 자도 주를 위하
여 먹으니 이는 그가 하나님께 감사드리기 때문이요 먹지 않는 자도 주
를 위하여 먹지 않고서 하나님께 감사드린다

7 우리 가운데 어느 누구도 자기를 위하여 살지 않고 자기를 위하여 죽지
않으며

8 우리가 살아도 주를 위하여 살고 죽어도 주를 위하여 죽으니 그러므로 사
나 죽으나 우리는 주의 것이다

9 이 목적을 위하여 그리스도께서 죽으셨다가 다시 사셨으니 이는 그가 죽
은 자들과 살아 있는 자들 모두의 주가 되려 하셨다

10 어찌하여 그대가 그대의 형제를 비판하는가 어찌하여 그대의 형제를 업
신여기는가 우리가 다 하나님의 심판대 앞에 서리라

11 기록되기를, 내가 살아 있으니 이는 주의 이르심이다 모든 무릎이 나
에게 꿇어 엎드릴 것이며 모든 혀가 하나님께 자백하리라 하였기 때문
이다

12 그때에는 우리 각 사람이 자기의 일을 하나님께 낱낱이 아뢸 것이다

13 ◦ 그러므로 우리가 더 이상 서로 비판하지 말고 형제 앞에 걸림돌이나
장애물을 두지 않도록 결심하자

14 내가 주 예수 안에서 알고 확신하는 바, 무엇이든지 그 자체로는 속되지
않으나 속되게 여기는 그 사람에게는 그것이 속되다는 사실이다

15 만일 그대가 먹는 음식 때문에 그대 형제가 상심한다면 그대는 더 이상
사랑으로 행하고 있지 않으니 그리스도께서 대신하여 죽으신 형제를 그
대가 먹는 음식으로 파멸시키지 말라

16 그러므로 여러분의 선한 것이 비방받지 않게 하라

17 하나님의 나라는 먹는 것과 마시는 것이 아니라 오직 성령 안에 있는 의
와 평화와 기쁨이다

18 이와 같이 그리스도를 섬기는 자는 하나님께 기쁨이 되고 사람에게도
칭찬을 받는다

19 그런즉 우리가 평화를 이루는 일과 서로를 세워주는 일에 힘쓰자

20 음식 문제로 하나님의 일을 망치지 말라 모든 것이 정결하나 그대가 먹
는 것으로 다른 사람을 걸려 넘어지게 하는 것은 잘못이다

21 그대의 형제로 걸려 넘어지게 하는 것이라면 차라리 고기도 먹지 않고
포도주도 마시지 않고 그 어떤 일도 행하지 않는 것이 좋다

22 그대는 자신이 가지고 있는 믿음을 하나님 앞에서 지키라 복 받은 사람
은 자기가 확신하고 있는 것으로써 자기를 정죄하지 않는다

23 그러나 의심하는 사람은 먹는다 해도 정죄를 받으니 이는 그가 믿음으
로 행하지 않기 때문이다 믿음에서 나오지 않는 것은 모두 죄이다

현재 북한에는 심각한 식량난과 경제위기로 가정이 깨어지면서 버려져 떠도는 꽃제비 아이들이 북한 전역에 넘쳐나고 있다. 그들은 영양실조로 인한 발육부진, 정상적인 학교 교육의 부재, 그리고 부모의 사랑이 결핍된 총체적인 위기에 놓여 있을 뿐만 아니라 학교 교육이 가능한 아이들도 어려서부터 김일성과 김정일로 이어지는 가계 우상화 교육에 의해 맹종과 증오심에 불타고 있다. 북한 회복 시 이러한 북한 아이들의 특성을 이해하고 사랑으로 보듬을 수 있는 다양한 분야의 어린이 사역자들을 위한 훈련이 필요하다.

-「북한 복음화를 위한 31일 기도」 231p

15장

1절-33절

15장

하나님의 선교

1 강한 우리는 마땅히 약한 사람들의 약점을 짊어지고 우리 자신을 기쁘
게 하지 말아야 하며

2 우리 각 사람은 이웃을 세워주는 선한 목적을 위하여 우리 이웃을 기쁘
게 해 주어야 한다

3 그리스도께서도 자신을 기쁘게 하지 않으셨으니 기록된 바 주를 비방하
는 자들의 비방이 내게 미쳤나이다 함과 같다

4 무엇이든지 전에 기록된 것은 우리를 가르치기 위함이니 이는 인내와 성
경의 위로를 통하여 우리로 소망을 갖게 하려 함이다

5 인내와 위로의 하나님이 여러분으로 하여금 그리스도 예수를 본받아 서
로 하나되게 하시여

6 한마음과 한 입으로 하나님, 곧 우리 주 예수 그리스도의 아버지께 영광
을 돌리게 하시기 원한다

7 그러므로 여러분은 그리스도께서 하나님의 영광을 위하여 우리를 받아
들이신 것 같이 서로를 받아들이라
8 내가 말하노니 하나님의 진리를 위하여 그리스도께서 할례받은 자들의
종이 되셨다 이는 조상들에게 주어진 약속을 그가 확고하게 하시고
9 이방인들도 하나님께 그의 긍휼하심에 대하여 영광을 돌리게 하려 하심
이니 기록된 바 그러므로 내가 이방인들 가운데서 당신께 감사드리고 당
신의 이름을 송축하겠습니다 함과 같다
10 또 그가 말하기를 이방인들아 너희는 주의 백성과 함께 기뻐하라 하였고
11 너희 모든 이방인들아 주를 찬양하라 모든 민족들아 주를 송축하라 하
였으며
12 또 이사야가 말하기를 이새의 뿌리가 나올 것이니 그가 일어나 이방인
들을 다스리실 것이라 이방인들이 그에게 소망을 두리라 하였다
13 소망의 하나님이 믿음 안에서 모든 기쁨과 평화로 여러분을 채우시어
여러분이 성령의 능력으로 인하여 소망이 넘치기를 내가 원한다
14 ◦ 내 형제들아 여러분 자신이 선함으로 가득하고 온갖 지식으로 넘쳐서
능히 서로 가르칠 수 있음을 내가 확신하나

15 하나님이 나에게 베푸신 은혜로 말미암아 내가 여러분을 일깨우는 방식
으로 어떤 점들에 관하여 매우 담대하게 적었으니
16 이는 내가 이방인을 위한 그리스도 예수의 일군이 되어 하나님의 복음
의 제사장 직분을 맡았으므로 이방인들도 성령으로 거룩하게 되어 하나
님께서 받으실 만한 제물이 되게 하려 함이다
17 그러므로 나는 하나님의 일에 대하여 그리스도 예수 안에서 자랑할 것
이 있으나
18 그리스도께서 이방인들을 순종하게 하시려고 나를 통하여 이루신 일들
외에는 내가 감히 아무것도 말하지 않을 것이니 그것은 말과 행동으로,
19 표징과 기적의 능력으로 그리고 성령의 권능으로 이루어진 것으로서 내
가 예루살렘에서 일루리곤까지 두루 다니며 그리스도의 복음을 충분히
전파한 것이다
20 이 일을 행하면서 나는 남의 터에 건축하지 않으려고 지금까지 그리스
도의 이름이 불려지는 곳에서 복음을 전하지 않기로 힘썼으니
21 기록된 바 주의 소식을 받지 못한 자들이 보게 되고 듣지 못한 자들이
깨닫게 되리라 함과 같다
22 이 까닭에 내가 여러분에게 가려고 시도하였으나 번번이 막혔었다

23 ◦ 그러나 이제 내가 이 지역에서 더 일할 곳도 없고 또 여러 해 전부터
내가 여러분에게 가기를 원하여 서바나로 가는 길에 여러분을 방문
하려 하니

24 이는 여러분과 얼마 동안 교제를 나눈 후에 여러분의 후원을 받고서 그
곳으로 가기를 바람이라

25 그러나 지금 나는 성도들을 섬기는 일로 예루살렘에 가는데

26 이는 마게도냐와 아가야 지역의 사람들이 예루살렘의 성도들 중 가난
한 자들을 위하여 얼마간의 구호성금 마련하기를 기뻐하였기 때문이다

27 그들이 이 일 행하기를 기뻐하였으나 사실상 그들은 빚진 자들이니 만
일 이방인들이 예루살렘 성도들로부터 령적인 것을 나누어 받았다면 그
들도 물질적인 것으로 섬기는 것이 마땅하다

28 따라서 내가 이 일을 마치고 그들이 이 열매를 받은 것을 확인한 후에
여러분에게 들렀다가 서바나로 가려고 하니

29 내가 여러분에게 갈 때에 그리스도의 복을 충만히 가지고 갈 줄로 안다

30 형제들아 내가 우리 주 예수 그리스도와 성령의 사랑을 힘입어 여러분
을 권하노니 여러분은 나와 련합하여 나를 위해 하나님께 힘써 기도하되
31 내가 유대에서 믿지 않는 자들로부터 건짐을 받고 예루살렘에서의 나의
섬김이 그 성도들에게 받아들여질 수 있도록 기도하고
32 내가 하나님의 뜻을 따라 기쁨으로 여러분에게 나아가 여러분과 함께
새 힘을 얻도록 기도하라
33 평화의 하나님이 여러분 모두와 함께 계시기 원한다 아멘

지금까지 우리는 한반도의 통일을 남북한의 문제로 보고 남한 주도적인 통일만을 생각해 왔다. 그러나 북한의 회복을 위해 하나님의 강권하시는 마음을 가진 세계교회들이 북한교회의 재건을 위해 지금부터 참여할 수 있도록 협력하고 연합하는 것이 필요하다. 이를 위하여 지금부터 세계교회와 지도자들에게 북한의 심각한 상황을 알림으로써, 그들과 함께 기도하며 복음으로 북한의 회복을 이루고 북한교회를 재건하는 일에 세계교회가 가지고 있는 풍부한 인적.물적 자원을 적극적으로 사용할 수 있도록 연합전선을 구축해야 한다.

-「북한 복음화를 위한 31일 기도」 244p

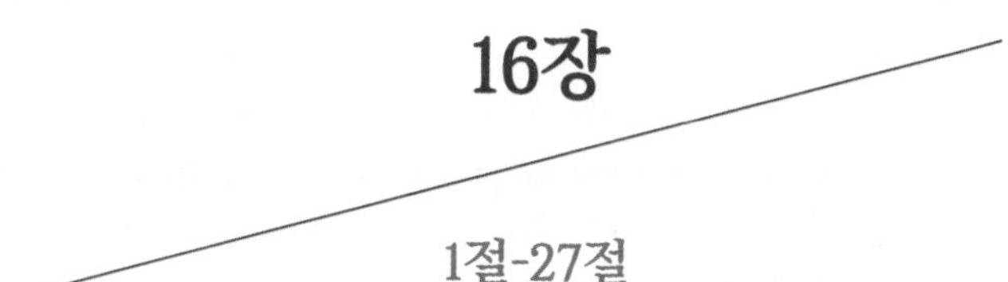

16장

1절-27절

16장

하나님의 교회

1 내가 우리의 자매 뵈뵈를 여러분에게 추천하니 그 자매는 겐그레아에 있
는 교회의 집사이다

2 여러분은 주 안에서 성도의 합당한 자세로 그녀를 영접하고 무엇이든지
그녀에게 필요한 것을 도와주기 바란다 이는 그녀가 여러 사람과 나의
후원자로 일해왔다

3 그리스도 예수 안에서 나의 동역자들인 브리스가와 아굴라에게 문안하라

4 그들이 내 생명을 위하여 자기들의 목까지도 내놓았으니 나뿐 아니라 이
방인들의 모든 교회도 그들에게 감사하고 있다

5 또한 그들의 집에서 모이는 교회에도 문안하라 내가 사랑하는 에배네도
에게 문안하라 그는 아시아에서 그리스도께 드려진 첫 열매다

6 마리아에게 문안하라 그녀가 여러분을 위하여 많이 수고하였다

7 나의 친척이며 나와 함께 갇혔던 안드로니고와 유니아에게 문안하라 그
들은 사도들 사이에서 호평받는 자들이고 나보다 먼저 그리스도 안에 들
어온 자들이다

8 주 안에서 나의 사랑받는 암블리아에게 문안하라

9 그리스도 안에서 우리의 동역자인 우르바노와 나의 사랑받는 스다구에
게 문안하라

10 그리스도 안에서 인정받는 아벨레에게 문안하라 아리스도불로의 집안
에 속한 사람들에게 문안하라

11 나의 친척인 헤로디온에게 문안하라 주 안에 있는 나깃수의 집안사람
들에게 문안하라

12 주 안에서 큰 일군들인 드루배나와 드루보사에게 문안하라 주 안에서
많이 수고해 온 사랑받는 자 버시에게 문안하라

13 주 안에서 택하심을 입은 루포와 그의 어머니에게 문안하라 그의 어머
니는 또한 나의 어머니다

14 아순그리도와 블레곤과 허메와 바드로바와 허마 그리고 그들과 함께 있
는 형제들에게 문안하라

15 빌롤로고와 율리아, 네레오와 그의 자매, 올름바 그리고 그들과 함께 있는 모든 성도에게 문안하라

16 여러분은 거룩한 볼맞춤으로 서로 문안하라 그리스도의 모든 교회가 여러분에게 문안한다

17 ◦ 형제들아 내가 여러분에게 권하노니 여러분이 배운 교훈과는 어긋나게 분쟁을 일으키며 장애물을 놓는 자들을 살피고 그들을 피하라

18 그러한 자들은 우리 주 그리스도를 섬기지 않고 오히려 자기들의 배만 섬기며 부드럽고 듣기 좋은 말로 순진한 사람의 마음을 미혹한다

19 여러분의 순종이 모든 사람에게 알려지고 있으므로 내가 여러분으로 인하여 기뻐한다 그러나 나는 여러분이 선한 일에서 지혜롭고 악한 일에서 깨끗하기를 원한다

20 평화의 하나님이 속히 사탄을 여러분의 발아래서 깨뜨리실 것이다 우리 주 예수의 은혜가 여러분에게 있기를 원한다

21 나의 동역자 디모데와 나의 친척 누기오와 야손과 소시바더가 여러분에게 문안한다

22 이 편지를 받아쓰고 있는 나 더디오가 주 안에서 여러분에게 문안한다

23 나와 온 교회를 돌보아주는 가이오가 여러분에게 문안하고 이 도시의
재무관 에라스도와 형제 구아도가 여러분에게 문안한다

24 우리 주 예수 그리스도의 은혜가 여러분 모두에게 있기를 원한다 아멘

25 나의 복음과 예수 그리스도의 선포에 따라서 오랜 시대 동안 감추어져
있었으나

26 이제는 밝혀진 그 비밀, 곧 대언자들의 글들을 통해 모든 민족에게 알
려진 그 비밀의 계시에 따라서, 또한 믿음의 순종을 이루시려는 영원하
신 하나님의 명령에 따라서 여러분을 강건하게 하실 수 있는 하나님께,

27 곧 홀로 지혜로우신 하나님께 예수 그리스도로 말미암아 영광이 영원
토록 있으리라 아멘

오늘도 말씀으로 하나님의 빛을 전합니다.

문광서원

위드 필사성경

북한어로 쓰는

로마서

개정판 발행 2026년 2월 1일

펴 낸 이 김성은
펴 낸 곳 문광서원
주 소 서울 용산구 한남대로 41-6
출판등록 제 2010-000074호
대표전화 02)797-8846
홈페이지 www.munkwang.com
E-mail munkwangbooks@gmail.com

I S B N 978-89-98232-71-9 03230